VENTE DU MARDI 3 MAI 1887

HOTEL DROUOT, SALLE N° 5

A 2 HEURES

OBJETS D'ART

ET

D'AMEUBLEMENT

Meubles anciens et de style

Meubles en bois sculpté

Bronzes, Marbres, Tableaux, Dessins

OBJETS DE VITRINE

Curiosités diverses, Tapisseries

EXPOSITION PUBLIQUE

LE LUNDI 2 MAI 1887

DE 1 HEURE 1/2 A 5 HEURES 1/2

Mᵉ R. SEILLIER | **M. F. JACOB**
COMMISSAIRE-PRISEUR | EXPERT
27, rue de Châteaudun, 27 | 9, rue Buffault, 9

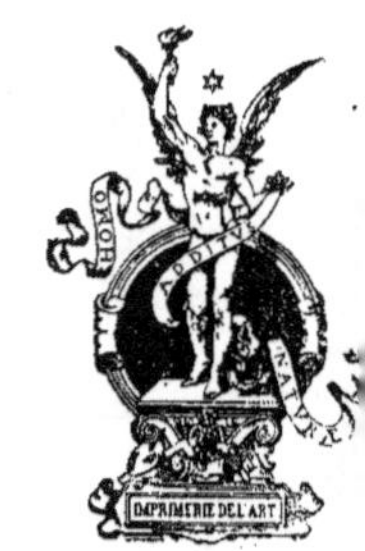

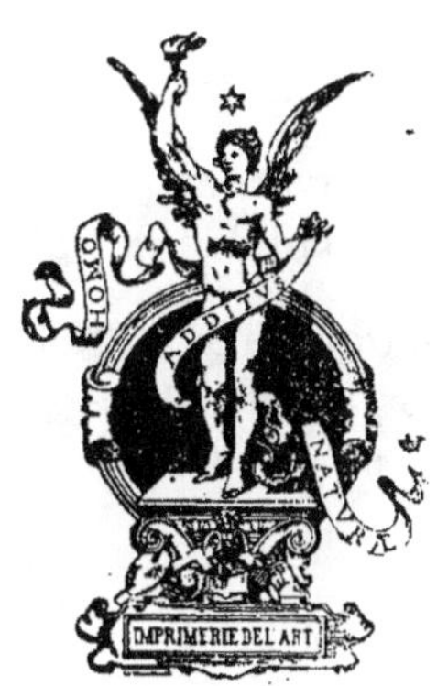
HOMO
ADDITV
NATVRE
IMPRIMERIE DEL ART

CONDITIONS DE LA VENTE

Elle sera faite au comptant.

Les acquéreurs payeront en sus des enchères *cinq pour cent*, applicables aux frais.

L'exposition mettant le public à même de se rendre compte de l'état des objets, il ne sera admis aucune réclamation une fois l'adjudication prononcée.

Paris. — Imp. de l'Art. E. Ménard et J. Augry
41, rue de la Victoire, 41

DÉSIGNATION DES OBJETS

MEUBLES

1 — Meuble ancien à deux portes, en bois sculpté.

2 — Bibliothèque vitrée en bois de chêne sculpté.

3 — Table en chêne sculpté.

4 — Guéridon avec dessus en faïence.

5 — Petit meuble en bois sculpté. Style Renaissance.

6 — Deux portes Louis XIV en bois sculpté, avec parties dorées.

7 — Buffet à deux corps en chêne sculpté, avec partie du haut vitrée.

8 — Six chaises en chêne sculpté.

9 — Six chaises Louis XIII.

10 — Guéridon avec dessus en faïence.

11 — Buffet Louis XV, à deux corps, vitré dans le haut.

12 — Meuble de salon, style Louis XV, composé de sept pièces en bois sculpté et doré, recouvert en soierie.

13 — Cheminée à colonnes torses. Style Renaissance.

14 — Console Louis XV, en bois sculpté.

15 — Secrétaire. Style Louis XVI.

16 — Commode, de même style.

17 — Stalle gothique en bois sculpté.

18 — Autre semblable.

19 — Secrétaire en bois de rose, orné de bronzes.

20 — Table en marqueterie de Boule, avec cariatides.

21 — Meuble d'entre-deux en marqueterie, avec dessus en marbre blanc.

22 — Table à ouvrage Louis XV.

23 — Fauteuil en bois sculpté, recouvert de cuir.

24 — Table en bois sculpté.

25-26 — Deux lits à deux faces, en cuivre doré.

OBJETS DE VITRINE

27 — Couvert chinois en écaille.

28 — Deux porte-pinceaux et un étui. Travail chinois.

29 — Tabatière Louis XV, corne et agate.

30 — Éventail Louis XV.

31 — Deux fleurs en Saxe.

32 — Deux cadrans de montres.

33 — Vase en pierre de lar.

34 — Plat en cuivre gravé à figures.

35 — Serrure Louis XV, bronze doré.

36 — Serrure Louis XV, bronze doré.

37 — Deux autres serrures.

38 — Verrou, bronze doré. Louis XVI.

39 — Cafetière arabe, cuivre gravé.

40 — Deux coupes, marbre et spath fluor.

41 — Chiffre en ivoire.

42 — Reliquaire églomisé. XVIIe siècle.

43 — Poignard, manche en bronze.

44 — Médaille : Marie Thérèse.

45 — Deux socles, marbre noir.

46 — Dessus de boîte Louis XV, en cuivre champlevé.

47 — Médaille de Dupré.

48 — Deux porte-montres.

49 — Six étuis, vernis Martin.

50 — Vierge, bois sculpté.

51 — Deux plaques en ivoire : Nymphes et Faunes,

52 — Théière ancienne. Travail arabe.

53 — Deux plaquettes en bronze : la Flagellation et la Descente de croix.

54 — Bougeoir en bronze. Style Louis XV.

55 — Flacon à odeurs. Travail persan.

56 — Homard en bronze japonais.

57 — Deux bas-reliefs en bronze japonais.

58 — Montre Louis XV, cuivre repoussé.

59 — Pipe persane, en cuivre et coco.

60 — Boîte en cuivre. Époque Louis XIII.

61 — Sucrier en cuivre argenté.

62 — Plat ovale en cuivre repoussé.

63 — Petite plaquette ovale : Faune et Bacchante.

64 — Lampe japonaise en cuivre.

BRONZES, MARBRES, TABLEAUX
OBJETS DIVERS

65 — MARBRE. Statue de la Vénus accroupie.

66 — MARBRE. Buste de Marie-Antoinette.

67 — Pendule Louis XVI.

68 — Pendule borne en marbre, surmontée d'un bronze. Signé : P. J. MÈNE.

69 — Lustre Empire, à quinze lumières.

70 — Deux flambeaux Empire.

71 — Deux candélabres à quatre lumières. Empire.

72 — ÉCOLE MODERNE. Paysage.

73 — ÉCOLE MODERNE. Paysage.

74 — Tableau de l'école flamande.

75 — Aquarelle représentant un paysage.

76 — Six dessins à la plume, de Berat.

77 — Dessin au crayon.

78 — Tête de juif, de Préault.

79 — Deux gravures par Geoffroy.

80 — Aquarelle par Geoffroy.

81 — Encre de Chine (Paysage), de H. Leymarie.

82 — Deux esquisses : Scènes militaires.

83 — Dessin à la plume, de Vernet.

84 — Robe Louis XIV.

85 — Cadre Louis XVI, en bois sculpté.

86 — Cadre Louis XVI, en bois sculpté.

87 — Cadre Louis XIV, en bois sculpté.

88 — Cadre de glace Louis XV, en bois doré.

89 — Deux cache-pots en faïence.

90 — Petit navire en bronze, supporté par une statuette.

91 — Pied en bronze ajouré.

92 — Lanterne processionnelle, Louis XIII.

93 — Trépied en fer forgé.

94 — Deux vitraux.

95 — Quatre médaillons en plâtre.

96 — Paire de colonnes en simili-marbre.

97 — Deux glaces.

98 — Brûle-parfums en bronze du Japon.

99 — Chimère en bronze du Japon.

100 — Suspension d'antichambre, en fer forgé.

101 — Deux panneaux en bois sculpté.

102 — Landiers, pelle et pincettes, en fer forgé.

103 — Corbeille de surtout.

104 — Deux plats en faïence.

105 — Coffre en bois sculpté. Style Renaissance.

106 — Tapisseries verdures.

107 — Objets non catalogués.